Er war einer von uns

Klaus Vollmer
und den
Kleinen Brüdern vom Kreuz

Er war einer von uns

Rien Poortvliet
Friedrich Meisinger

kawohl

Kawohl-Bildband RKW 558

ISBN 3-88087-558-8

Liebe Leserin, lieber Leser!

In eindrucksvollen, sensiblen und erregenden Bildern möchte dieser Bildband Ihnen das Leben Jesu vor Augen malen: Jesus von Nazareth - ER WAR EINER VON UNS -.

Er war einer von uns. - Mehr nicht? - Doch: Gott und Mensch zugleich! Wer kann das ganz erfassen?

Er wurde geboren - wie wir. Dabei war sein Bett eine Futterkrippe in einem armseligen Stall. Er lebte als Mensch - wie wir. Weder Angst noch Sorgen blieben ihm erspart. Enttäuschungen, Not und Schmerzen hat er durchlitten. Freude und Freundschaft hat er erfahren.

Seit Jesus EINER VON UNS wurde, seit er auf dieser Erde lebte, kann keiner mehr behaupten, daß Gott seine Lage nicht kenne, seine Not nicht durchgemacht habe. Er starb einen grausamen Tod, wohl schlimmer, als er jedem von uns bevorsteht. Er starb diesen Tod für uns, für alle Menschen, alle Völker, alle Generationen. Er starb diesen Tod, beladen mit Schuld und Not der ganzen Welt, am Fluchholz vor den Toren Jerusalems.

So hat er uns mit Gott versöhnt, so ist er EINER FÜR UNS geworden, einer, der keinen übersieht, keinen vergißt, keinen im Stich läßt, der auf IHN seine Hoffnung setzt.

Dieser Bildband zeigt entscheidende Stationen aus dem Leben Jesu, einem kurzen, frohmachenden und tief erschütternden Leben zwischen Krippe, Kreuz und Himmelfahrt. Dazu hat Jesus Christus uns sein Versprechen gegeben, uns in dieser Welt nicht allein zu lassen.

Die Bilder von Rien Poortvliet, dem bekannten holländischen Maler, gehen zu Herzen. Sie haben eine so starke Aussagekraft und Ausstrahlung, daß manche Texte von Friedrich Meisinger nur kleine Fingerzeige zum Erfassen der wunderbaren Bilder sein möchten. Andere Texte wollen dem nachsinnenden Betrachter Inhalt und Melodie der biblischen Aussage vor Augen malen. Wer sich die Zeit nimmt und die Bibeltexte dazu aufschlägt, wird vieles noch besser verstehen.

Ich möchte Ihnen die Entdeckung dieses Buches empfehlen. Bilder und Texte mögen Sie begleiten auf Ihrem Weg durch das Leben Jesu. Sie könnten Erfahrungen machen, mit denen Sie weder gerechnet, noch von denen Sie vorher zu träumen gewagt hätten.

Der Trost, daß er EINER VON UNS war und die Freude, daß er EINER FÜR UNS geworden ist, mögen Sie ein Leben lang begleiten.

Herzlichst
Ihr Paul Deitenbeck

FÜRCHTE DICH NICHT...

- Gott ruft
- Maria hört
- Gott bringt den Himmel zur Welt
- Ewigkeit in die Zeit

FÜRCHTE DICH NICHT...

- kein billiger Trost
- keine leere Formel
- kein ungedecktes Versprechen

FÜRCHTE DICH NICHT!

Dunkel ist die Nacht
dunkel die Erkenntnis
Schrecken breitet sich aus
Gefühle sind verletzt
Josef liebt, hofft, begehrt!

Maria - seine Maria - ist schwanger
Wieso? Weshalb? Von wem?
Er will Maria heimlich verlassen

Ein Engel erscheint
Unsagbares wird sagbar
Geheimnisvolles verstehbar

„Maria wird einen Sohn gebären.
DU sollst ihn JESUS nennen."

Elisabeth und Maria
Tante und Nichte
Zwei Frauen,
die um ein Geheimnis wissen

„Gepriesen bist du
unter den Frauen,
und gepriesen ist
die Frucht deines Leibes."

Maria singt ihre Freude
allem Zweifel entgegen

Ihre Seele jubelt
Gottes Güte ist groß
Ich darf IHM dienen

Volkszählung
Ganz Israel ist unterwegs
Was Rom befiehlt, muß geschehen
und Gottes Plan geht auf

Maria und Josef auf dem Wege
von Nazareth nach Bethlehem

Steine und Sand, Hunger und Kälte -
viel Not für die schwangere Frau

BETHLEHEM - die Stadt Davids -
Hier wird der Messias geboren
Propheten haben es wissen lassen
Die Zeit ist erfüllt

Sucht anderswo...
die Herberge ist überfüllt

Wohin der Blick auch fällt:
Menschen, Menschen und wieder Menschen
dazu Kamele, Esel, Pferde, Maultiere

Der Wirt ist entsetzt
„Nicht noch zwei - oder sind es bald drei?“

„Geht endlich weiter. Quält nicht mein Gewissen.
Ich habe keinen Raum in der Herberge.“

Es siegt das Erbarmen

Wo Ochs und Esel
Heimat haben
kommt Ewigkeit
in die Zeit

Dort,
wo KEINER
ihn erwartet
dort wird JESUS
geboren

GOTT
kommt ins Elend
um aus dem Elend
zu erlösen
„Christ,
der Retter ist da!“

Hirten auf dem Felde
- Menschen am Rande der Gesellschaft -
gerade ihnen wird
die große Freude verkündigt:

„Euch ist heute der Heiland geboren.
Christus, der Herr, in der Stadt Davids.
Ihr werdet ihn finden ..."

Der Chor der Engel jubiliert
Der Himmel ist offen

Der lebendige Gott begegnet Randsiedlern
und macht sie zu seinen Botschaftern

Hirten lassen ihre Herden
eilen zum Stall
kommen, das Wunder zu sehen:

GOTT IST BEI DEN MENSCHEN

„Sehet dies Wunder,
wie tief sich der Höchste hier beuget;
sehet die Liebe, die endlich als Liebe sich zeiget!
Gott wird ein Kind, träget und hebet die Sünd:
alles anbetet und schweiget."

Simeon hüpft das Herz voll Freude
Hanna werden die Augen geöffnet

Suchende Menschen erkennen Gott
sind bewegt von dem, was sie erleben
- dürfen staunen
- sich freuen
- alles erhoffen
- neu glauben

GOTT HÄLT SEIN VERSPRECHEN

Drei weise Männer sind unterwegs -
folgen einem Stern
Das Geheimnis ist groß -
wer könnte es deuten?

Der Stern scheint hell

Ein König im Stall -
wie mag solches geschehen?
- zweifeln oder anbeten
- lachen oder schenken
- Hohn oder Freude

Es siegt der Glaube

Gott kommt in seine Welt
wird verfolgt - gejagt - vertrieben

Die Flucht verhindert den Mord
SEINE Stunde ist noch nicht gekommen

Ein König bangt um seinen Thron
Herodes geht kein Risiko ein
Jedes Kind könnte Jesus sein

In Bethlehem weinen Mütter
Kinder müssen sterben

Es ist
als ob der Himmel schreit

Gott
wird Mensch -
so menschlich
wie alle Menschen

In seinen Zügen
erkennen wir uns:

Er fühlt Kummer
- wie wir
Er empfindet Freude
- wie wir
Er hofft, bittet, lacht, weint
- wie wir

Er darf das Leben entdecken ...
- bei der Mutter sein
- Freunde finden
- spielen und lernen

JESCHUA BEN JOSEF
der Zimmermannssohn lernt ein Handwerk
- hilft den Eltern
- hat Spaß am Leben
- packt zu, wo er gebraucht wird

Nichts ist ihm fremd
was Menschen beschäftigt

Er ist ganz Mensch und ganz Gott
Wer kann das verstehen?

BAR MIZWA
Bestätigung des Glaubens
Jesus gehört zur Gemeinde
liest die alten Schriften
feiert die schönen Feste
betet - singt - lacht
Im Tempel fühlt er sich wohl
Hier im Heiligtum ist sein Platz

Glaube bekommt Konturen
- ruft nach Gestaltung
- will gelebt
- erlebt
- muß gewagt werden

Alle sind gegangen
zurück nach Nazareth

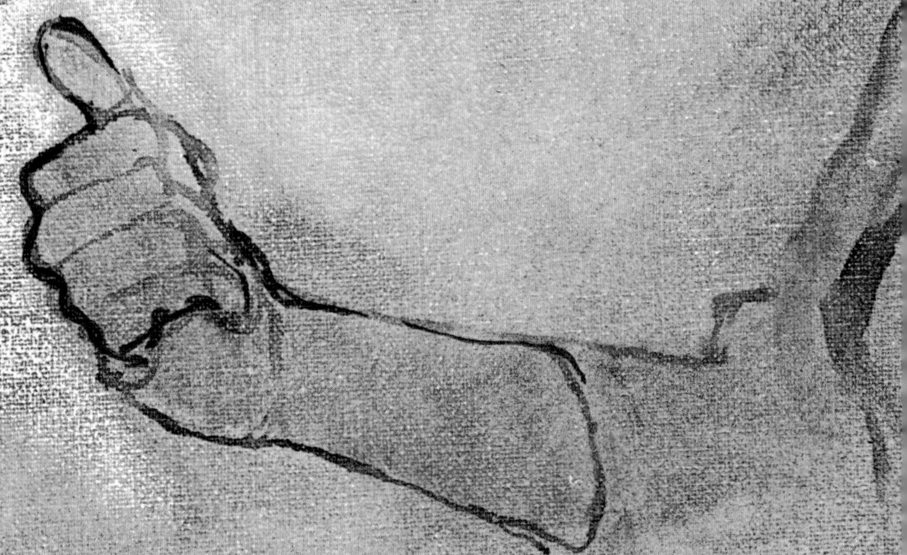

WO IST UNSER JESUS?
Die Eltern suchen verzweifelt ihr Kind

Endlich -
im Tempel finden sie ihn
Vorwürfe - Ermahnungen - Unverständnis

„Warum habt ihr mich gesucht?
Wißt ihr nicht, daß ich im Hause
meines Vaters sein muß?"

Der Mahner aus der Wüste ruft ins Volk:
„Tut Buße -
das Himmelreich ist nahe herbeigekommen!"

JOHANNES bereitet am Jordan Jesus den Weg:
„Ich habe euch mit Wasser getauft -
nach mir wird einer kommen..."

Als Jesus ins Wasser steigt
erhebt Johannes seine Stimme:
„Siehe, das ist Gottes Lamm,
das der Welt Sünde trägt."

Plötzlich ist der Himmel offen
Der Vater bekennt sich zu seinem Sohn
„Du bist mein lieber Sohn -
an dem ich Wohlgefallen habe."

„Ich gebe dir alles, was du willst - nur tanze - Salome - tanze!"

Der Preis ist hoch

Der unbequeme Mahner
der Sünde bei Namen nennt
soll für immer verstummen

Sie wünscht sich seinen Kopf

Der Mann mit dem ausgestreckten Zeigefinger
der letzte Prophet, Johannes
der Täufer, der Wegbereiter Jesu, ist tot

Wüste und Einsamkeit -
Jesus hält sie aus -
die Stille

Er möchte dem Vater ganz nahe sein
Doch wo Gott nahe ist
ist der Versucher nicht weit
Das wird ihm hier deutlich

„Bete mich an," spricht der Versucher
„so sollen alle Reiche der Welt dir gehören!"

Jesu Antwort auf alle Versuchungen
ist klar und unmißverständlich:
„Du sollst den Herrn, deinen Gott,
anbeten und IHM ALLEIN dienen!"

Jesus verläßt Nazareth
Kapernaum ist sein Ziel
Ausgangspunkt seines Wirkens

In Städten und Märkten
geschehen Zeichen und Wunder
Ein nie gekanntes Staunen
durchzieht Gedanken und Arbeit

Wer Neues wagt
- muß Altes verlassen
- unsichere Schritte tun
- Vertrauen investieren
- Glauben wagen

Menschen horchen auf
staunen über nie Gesagtes
lassen sich mitreißen
gehen neue Schritte des Glaubens

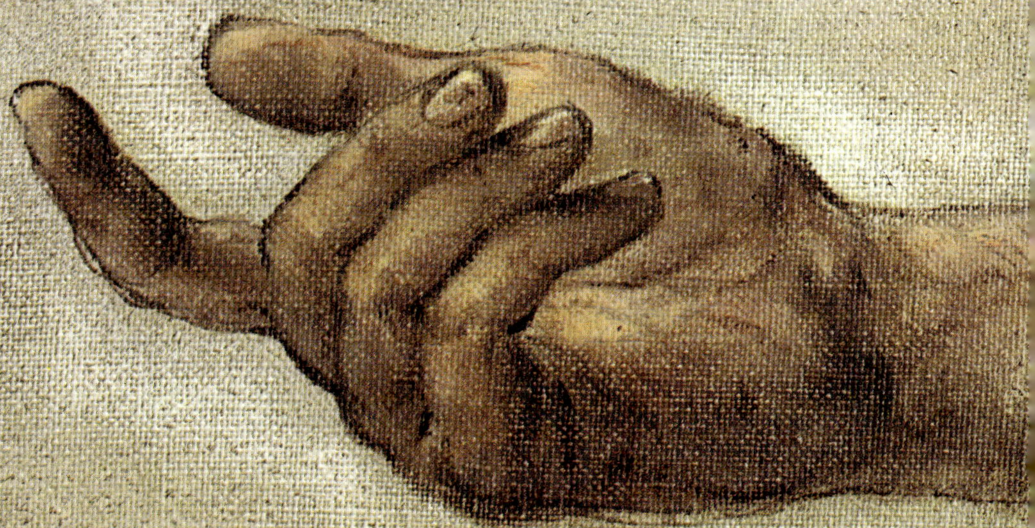

Jesus lädt ein:

Keine geballte Faust
droht mit neuem Gesetz

Eine offene Hand -
ein gutes Wort -
eine befreiende Botschaft -
ALLE SIND EINGELADEN

Petrus, Johannes, Jakobus
verlassen ihre Netze
Levi schließt die Kasse beim Zoll
Andreas, Philippus, Bartholomäus, Thomas,
Judas und all die anderen ziehen mit Jesus

Mach mit -
gestalte sein Reich
hier und heute

Worte - vom Vater gegeben -
rühren Menschen an

Friede soll sein
Liebe wird das Leben verändern
Ewigkeit wird geschenkt

Hier - auf dem großen Feld -
- beantwortet Jesus entscheidende Lebensfragen
- setzt er -überraschend und erschreckend- neue Maßstäbe
- erklärt er das Grundgesetz des Reiches Gottes

Hier - auf dem großen Feld - fragen Menschen:
„Herr, wie sollen wir beten?"

„Unser Vater im Himmel!
Dein Name werde geheiligt.
Dein Reich komme.
Dein Wille geschehe
wie im Himmel so auf Erden.
Unser tägliches Brot gib uns heute.
Und vergib uns unsere Schuld,
wie auch wir vergeben unsern Schuldigern.
Und führe uns nicht in Versuchung,
sondern erlöse uns von dem Bösen.
Denn dein ist das Reich
und die Kraft und die Herrlichkeit
in Ewigkeit.
Amen."

Keine Not ist zu groß
kein Anliegen zu klein
Unglaublich - dieser Jesus

Er verwandelt ALLES
- Sorge in Freude
- Haß in Liebe
- Schwachheit in Trost
- Kummer in Lachen
- Neid in Mitleid
- Tod in Leben
Unglaublich - dieser Jesus

Nachfolge heißt
- die unvorstellbare Nähe Gottes erleben
- das Leben entdecken
- die Liebe erfahren
- das Beste finden
- den Tod überwinden

Nachfolge heißt aber auch
- loslassen
- verzichten
- Opfer bringen

Wer sein Leben mit Jesus wagt
wird Vertrauen lernen

Der See Genezareth
wird zum kochenden Meer
die Wellen peitschen
das Boot droht zu sinken
die Jünger verzweifeln -
ein angstvoller Schrei
„HERR, HILF UNS!“

EIN Wort nur von IHM
und Wind und Wellen verstummen

Gesucht ist Wagnis
beschenkt wird neues Denken
finden werden Suchende
Glauben wird belohnt

Dämonen toben
Teufel protestieren
Besessene werden frei - glauben an Jesus

Kosten entstehen
Schweine stürzen ins Meer
Landwirte verbittern - verzichten auf Jesus

Gottes Gnade befreit Menschen
- Depressionen schweigen
- Angst wird stumm
- Einsamkeit kennt ihren Ort

Ein Dach wird zerstört
eine Trage herabgelassen
die Predigt ist unterbrochen -
Jesus liegt das Elend zu Füßen
- Krankheit am Leib
- Verdruß an der Seele
„Dir sind deine Sünden vergeben.
Steh auf - nimm dein Bett - freu dich!"
Jesus schenkt beides -
Vergebung und Heilung

MATTHÄUS - der stadtbekannte Zöllner
- ist von der Botschaft betroffen
- läßt sich von Jesus rufen
- öffnet sein Haus
- Jesus tritt ein

Alte Freunde sind da
- Menschen die keiner mag
- Zöllner und Sünder

Jesus teilt mit ihnen das Brot
- bietet auch ihnen Leben

Priester und Pharisäer sind entsetzt
„Warum setzt sich euer Meister
mit diesen Sündern an einen Tisch?“

Jesus antwortet selbst:
„Die Starken bedürfen des Arztes nicht,
sondern die Kranken. Ich bin gekommen,
die Sünder zu suchen und nicht die Gerechten.“

Jeder Mensch - den ER berührt
- ist geheilt
- gesegnet
- getragen
hat den Himmel vor Augen

SEINE Hände sind
- heilende
- bewahrende
- dienende
- liebende
- tröstende
- behütende Hände

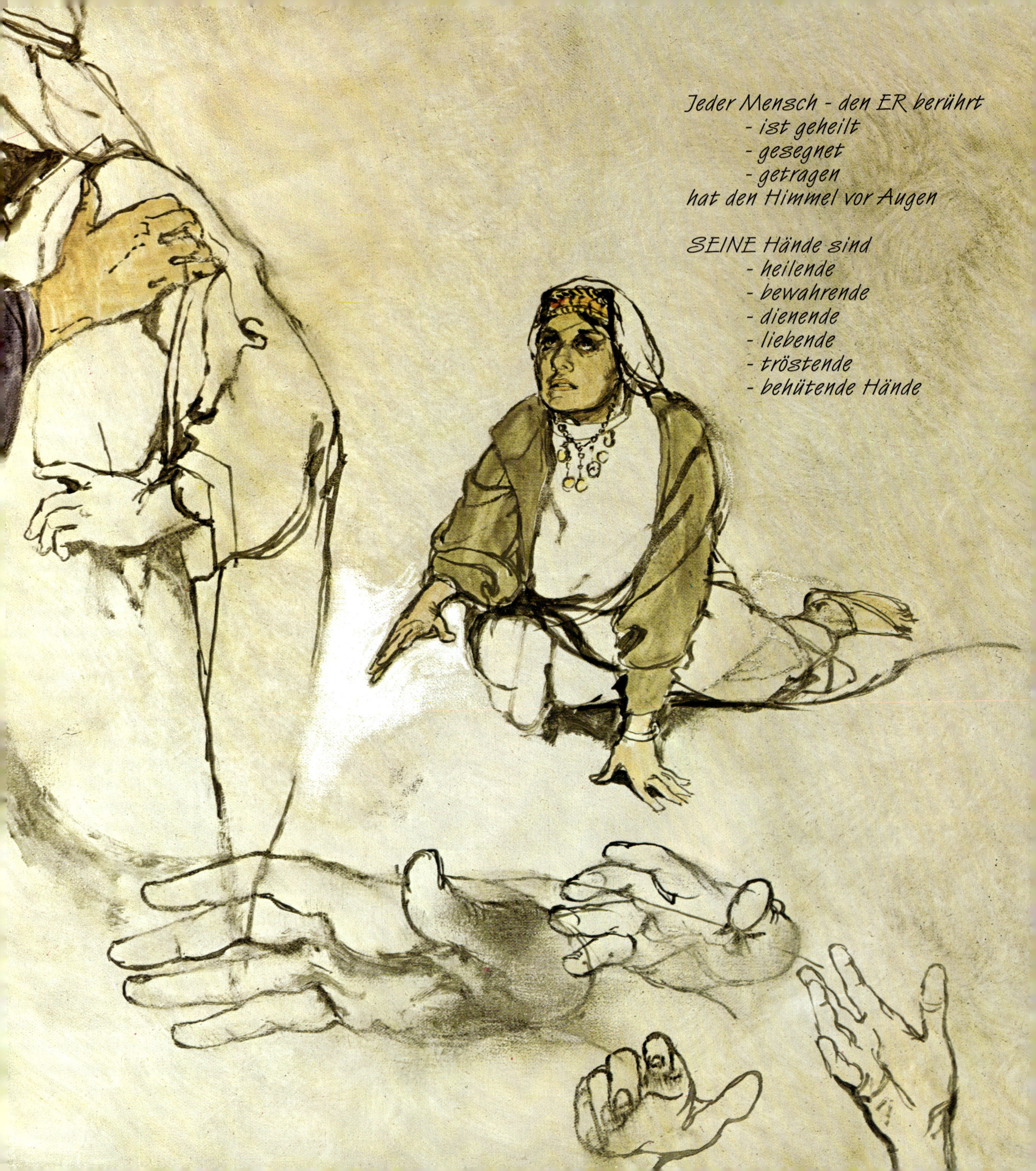

Gestern
spielte sie noch
lachte sie noch
sang sie noch

Heute trauert
man um sie
stimmt die
Totenklage an
ist verzweifelt

DENNOCH GLAUBE
- glaubend vertrauen
- trauernd hoffen
- betend wagen

JAIRUS - der Vorsteher der Gemeinde
kommt zu Jesus
„Meine Tochter ist gestorben;
komm - leg' deine Hand auf sie,
so wird sie leben."

Jesus geht in das Haus
und ergreift die Hand des Mädchens

DA STEHT DAS MÄDCHEN AUF

Wunder liegen in Gottes Ermessen
Wunder geschehen zu Gottes Zeit

Jesus bevollmächtigt seine Jünger!
- *Dämonen müssen fliehen*
- *Krankheiten werden weichen*
- *Sünder erfahren Vergebung*

WELCH EIN HERR -
- *unvergleichlich*
- *unübertroffen*
- *unverwechselbar*

Es bleibt eine Frage -
Wer ist Jesus für MICH?

Bin ich bereit
seinen Boten Glauben zu schenken?

Jesus hat nicht nur Bewunderer
Viele Augen verfolgen sehr kritisch
seine Schritte

Endlich haben sie etwas in der Hand
„Deine Jünger raufen am Sabbat
Ähren aus und essen sie.
Das ist nicht erlaubt!"

Falsche Frömmigkeit
verengt das Leben
Eigene Gesetze
kerkern das Leben ein

Jesus macht deutlich
Das Gesetz ist für den Menschen da -
nicht der Mensch für das Gesetz

Verwandtschaft kommt zu Besuch
- will mit Jesus reden

Für ihn kein Grund
zum Stillehalten
Jesus unterbricht
seine Rede nicht

Seine Botschaft
ist viel zu wichtig
- viel zu entscheidend
- darf nicht
ungesagt bleiben

Familienzugehörigkeit zählt bei ihm wenig
„Wer den Willen meines Vaters im Himmel tut,
der ist mir Bruder und Schwester und Mutter."

„JESCHUA BEN JOSEF
Ist das nicht der Zimmermannssohn?
Woher hat er die Weisheit?"

Jesus in Nazareth
Heimat - und doch nicht Zuhause
In der Synagoge liest Jesus aus der Thora
„Der Geist des Herrn ist auf mir,
weil er mich gesalbt hat,
zu verkündigen das Evangelium.

Seine Auslegung ist kurz und bedeutungsschwer
„Heute ist dies Wort erfüllt vor euren Ohren."

Der Tumult ist groß
„Wir kennen doch seinen Vater,
seine Mutter, seine Brüder, seine Schwestern!
Was will dieser uns sagen!?"

Die Botschaft vom Heil bleibt ungehört
Ein Prophet gilt nichts in seiner Heimatstadt

Waren es
5.000 - 10.000 - 15.000
niemand weiß es genau -
denn Frauen und Kinder
bleiben ungezählt
doch jeder hat
sein eigenes Gesicht
und seine eigene Geschichte

Unübersehbar ist die Menge
Menschen folgen Jesus
hören seine Worte
werden versorgt
nach Leib und Seele

Fünf Brote und zwei Fische
mit Dank vor Gott geteilt
und Tausende werden satt
- Wort und Brot
- Wunder und Fisch
Es bleibt Vorrat für viele Tage

König soll er werden
- Brot und Fisch
  das ist entscheidend
- Wunder will die Welt
  Erfolge zählen

Nachfolge ist wenig gefragt

Jesus schickt seine Jünger voraus
- auf den See
- trotz Wind und Wellen
- mitten durch die Nacht

Hilflos sind die Jünger ohne ihren Herrn

Als Jesus im Morgengrauen auf dem Wasser
zu ihnen kommt glauben sie, es sei ein Gespenst
und schreien vor Furcht

„Seid getrost, ich bin's, fürchtet euch nicht!"

Jünger Jesu kennen SEINE Stimme

Berichte über Wunder
ziehen wie ein Lauffeuer vor Jesus her

Sogar eine ausländische Frau verfolgt ihn
fleht um Heilung für ihre Tochter

Jesus lehnt ab
„Ich bin nur gesandt
zu den verlorenen Schafen des Hauses Israel.
Es ist nicht recht, daß man den Kindern
ihr Brot nehme und werfe es vor die Hunde."
Ein Ausländer hat kein Recht auf Heilung

Harte - verletzende - diskriminierende Worte

Die Frau gibt ihm recht
und gibt doch nicht auf
fällt Jesus vor die Füße
und erzählt ihm ein Gleichnis:
„Die Hunde bekommen die Reste,
die vom Tisch ihrer Herren fallen."

Welch ein Glaube - welch ein Vertrauen

„Frau, dein Glaube ist groß.
Dir geschehe, wie du willst."

Pharisäer und Sadduzäer
stellen Jesus auf die Probe
verlangen Zeichen vom Himmel

Jesus weist hin auf altbekannte Wettersprüche
„Des Abends sprecht ihr:
Es wird ein schöner Tag werden,
denn der Himmel ist rot."

Über Wetterzeichen können sie urteilen
Die Zeichen der Zeit erkennen sie nicht:

- Blinde sehen
- Lahme gehen
- Tote werden auferweckt
- die frohe Botschaft wird verkündet

Leiden und Schmerzen
Haß und Empörung
Verrat und Sterben

Jünger müssen hören
Jesus bereitet vor
Entsetzen bricht auf

Petrus nimmt Jesus zur Seite
„Gott bewahre dich, Herr.
Das widerfahre dir nur nicht.“

Jesus wird schroff
STILL - VERSUCHER
aus dir spricht der Satan

Wanderer sind unterwegs
Petrus - Jakobus - Johannes
Jesus geht voran
Der Gipfel ist erreicht

Plötzlich - völlige Veränderung
- Jesus in nie gekanntem Glanz
- Mose und Elia erscheinen
- Gott selbst spricht

„Dies ist mein lieber Sohn."

Petrus will drei Hütten bauen
den Himmel auf die Erde holen

Hütten werden nicht gebaut
die Botschaft muß zu den Menschen

„Wer ist der Größte
im Himmelreich?"

Jesus stellt ein KIND
in die Mitte
- Kinder vertrauen ganz
- können hoffen und staunen
- wollen Zuneigung und Liebe

Jeder kann
von Kindern lernen

„Wenn ihr nicht umkehrt
und werdet wie die Kinder,
so werdet ihr nicht
ins Himmelreich kommen!"

Für Jesus sind Kinder niemals lästig
- *er nimmt sich Zeit*
- *spielt mit ihnen*
- *erzählt von seinem Vater*
- *segnet sie*

und erfährt
- *kindliches Vertrauen*
- *lachende Augen*
- *Freude*
- *Zuneigung*

„Lasset die Kinder zu mir kommen!"

Was gibt es Neues vom Nazarener?
- Priester und Pharisäer fragen
- Kranke und Verzweifelte fragen
- Kaiphas und Ananias fragen

Manche fragen verunsichert:
WARUM HANDELT ER NICHT?
WANN BEGINNT ER
SEIN FRIEDENSREICH?

Die Römer sind noch immer im Land!
Kaiphas regiert noch immer im Tempel!

SOLLEN WIR
AUF EINEN ANDEREN WARTEN?

Betroffen zieht er davon
ein reicher junger Mann
Ein Israelit, an dem kein Tadel ist

Gottes Gebote sind Leitlinien seines Lebens
Manche Opfer will er für Gott bringen

ABER

Alles verkaufen
Alles abgeben
JESUS NACHFOLGEN
Das ist unzumutbar

Traurig sieht Jesus
ihm nach
denn er liebt ihn

Was wird das für
ein Augenblick sein
wenn er - und wir -
am Jüngsten Tag
vor Jesus stehen

Sie ist,
wie alle Mütter sind
Das Beste will sie
für ihre zwei Söhne
Ein Ministeramt
an Jesu Seite
Das wäre die Erfüllung
all ihrer Hoffnung

Jesus sagt ihr:
„MEIN REICH ist nicht von dieser Welt."

„Wer unter euch groß sein will, der sei euer Diener."

LAZARUS - MARTHA - MARIA
- vertraute Menschen
- Freunde in guter Zeit
- Geschenk in der Not

Alles hat seine Zeit
- hören hat seine Zeit
- arbeiten hat seine Zeit

MARTHA
- verpaß nicht die kostbare Zeit

Wenn Jesus verstummt
- wenn der Atem verhaucht
- wenn der Schrei erstickt
- wenn das Leben erlischt
Dann ist die Zeit zerronnen
Dann bleiben Arbeit und Mühe

Jesus unterwegs zu Triumph und Sterben
Das Volk jubelt in ausgelassener Freude

„Hosianna, dem Sohne Davids!“
Der Freudenruf schallt durch die Stadt
Kleider und Palmzweige -
der rote Teppich für einen König

Erschreckend nah
liegt beides zusammen:
„Hosianna - hosianna!“
„Kreuzige - kreuzige ihn!“

„Mein Haus soll ein Bethaus sein!"

Geschäftemacherei im Hause des Vaters
- scheinheilige Geschäfte

Jesus sieht hinter die Fassade
- heiliger Zorn packt ihn
- Umbruch geschieht
- Heil ist nicht käuflich
- Gnade ist ein Geschenk

Heillose Wut im Untergrund:
Dieser Jesus muß sterben

HOCHZEIT
- Fest der Freude
- Fest der Zuneigung
- Fest der Zärtlichkeit

PEINLICH
- Kein Wein mehr in Kana
- Sorge für Küchen- und Kellermeister
- Unruhe für Braut und Bräutigam

JESUS
- spricht ein Wort - zu seiner Zeit
- wandelt Wasser in Wein - zu seiner Zeit
- offenbart seine Macht und Herrlichkeit - zu seiner Zeit

ZACHÄUS - ihn kennt jeder
sein Ruf eilt ihm voraus
Betrüger, Römerfreund, reicher Zöllner

Zachäus will Jesus sehen
Worte erreichen sein Herz
- Taten stehen auf
- Betrug ist Betrug
- Unrecht bleibt Unrecht

„Zachäus - steig schnell vom Baum herab!"

Zachäus -
er öffnet die Arme - sein Herz schlägt schnell
er feiert ein Fest - sein Leben wird neu
er gibt, was er hat - teilt seine Güter
er bricht mit der Lüge - Gerechtigkeit siegt

Dunkel ist die Nacht - schwer sind die Gedanken

NIKODEMUS - der Ratsherr
- möchte Heil finden
- die Botschaft vom Reich Gottes verstehen

JESUS wirbt um Nikodemus
erklärt ihm die Wandlung

WIEDERGEBURT
- Altes muß sterben
- Neues soll werden
geboren aus Wasser und Geist

Nikodemus - der Lehrer Israels - versteht nicht
- noch nicht

WASSER ZUM LEBEN

- Jesus löscht seinen Durst
- nutzt die Gelegenheit
- durchschaut uns ganz
- bietet lebendiges Wasser

WASSER DES LEBENS

- Schuldbeladene werden frei
- Verstoßene werden zu Botschaftern
- neues Leben aus Gottes Geist

„GIB MIR DIESES WASSER!“

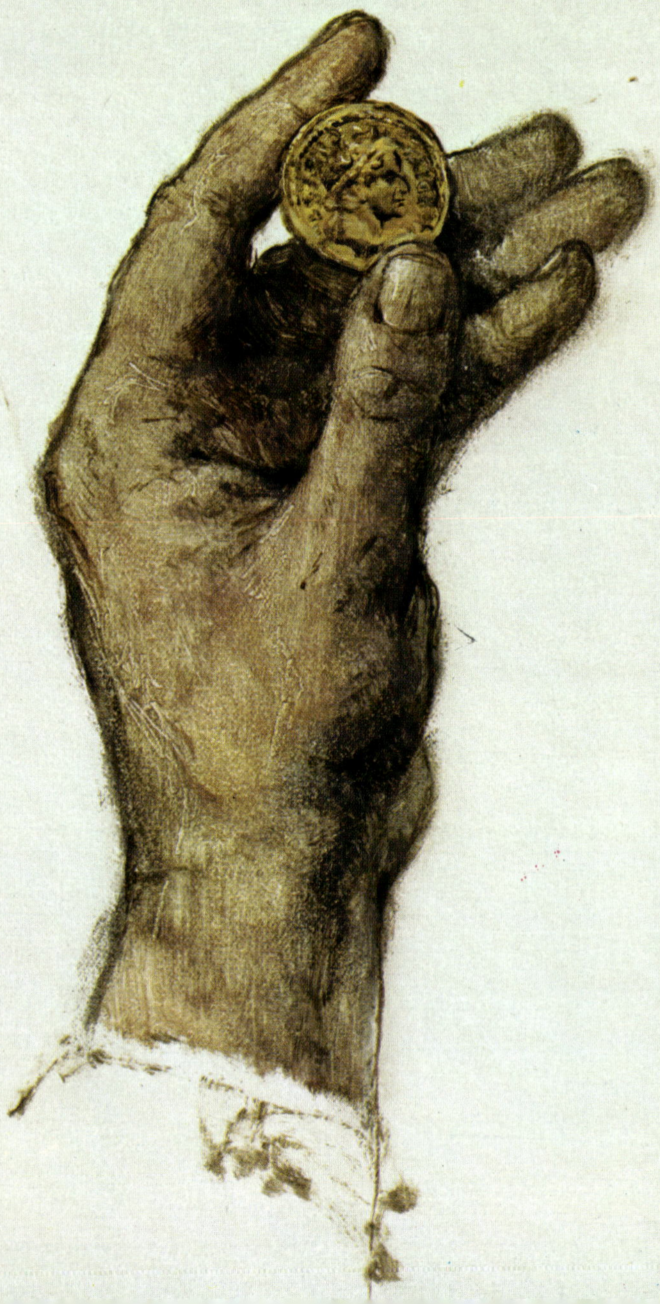

Ein neuer Versuch
Jesus zu Fall zu bringen

„Ist es richtig, dem Kaiser Geld zu geben?"

Die Antwort überläßt Jesus den Fragenden
Sie gehen betroffen davon
Der Versuch ist fehlgeschlagen

Viele geben manches
- Opfer für die einen
- Hohn für die anderen

JESUS BEOBACHTET

Opferstock des Tempels:
Eine Frau
- abgehärmt
- Not in den Augen
- Kleidung abgetragen
- Hände verarbeitet

sie gibt EINEN PFENNIG

Sie gibt, was sie hat
Zum Leben bleibt wenig

„Diese arme Witwe hat mehr als alle anderen eingelegt. Denn diese alle haben etwas von ihrem Überfluß zu den Opfern eingelegt; sie aber hat von ihrer Armut alles eingelegt, was sie zum Leben hatte."

Jesus spricht im Tempel
die Falle schnappt zu

Eine Frau
- aus dem Bett gerissen
Eine Frau
- beim Ehebruch ertappt
an den Haaren gezerrt
- schlotternd vor Angst
bloßgestellt vor allen Augen -
Ein eindeutiger Fall

Scheinheilige, lüsterne Fragen
„Meister, was sollen wir tun?
Mose will, daß wir sie steinigen!"

Jesus gibt keine Antwort
schreibt mit dem Finger
in den Sand

„Wer nie gesündigt - der werfe...!"

Steine fallen - ungeworfen -
zu Boden
Männer gehen betroffen davon -
Jesus bleibt

Jesus schreibt in den Sand
und sieht ins Herz
„Ich verdamme dich auch nicht.
Gehe hin - laß ab von der Sünde!"

ER IST ES WERT

Maria denkt nicht an Kosten
will Jesus ihre Liebe zeigen
salbt seine Füße mit kostbarem Öl

Salbung für den schweren Weg
Salbung für den Tag des Begräbnisses

Liebe ist nicht berechenbar
Sie ist
- ursprünglich
- ehrlich
- von Herzen kommend

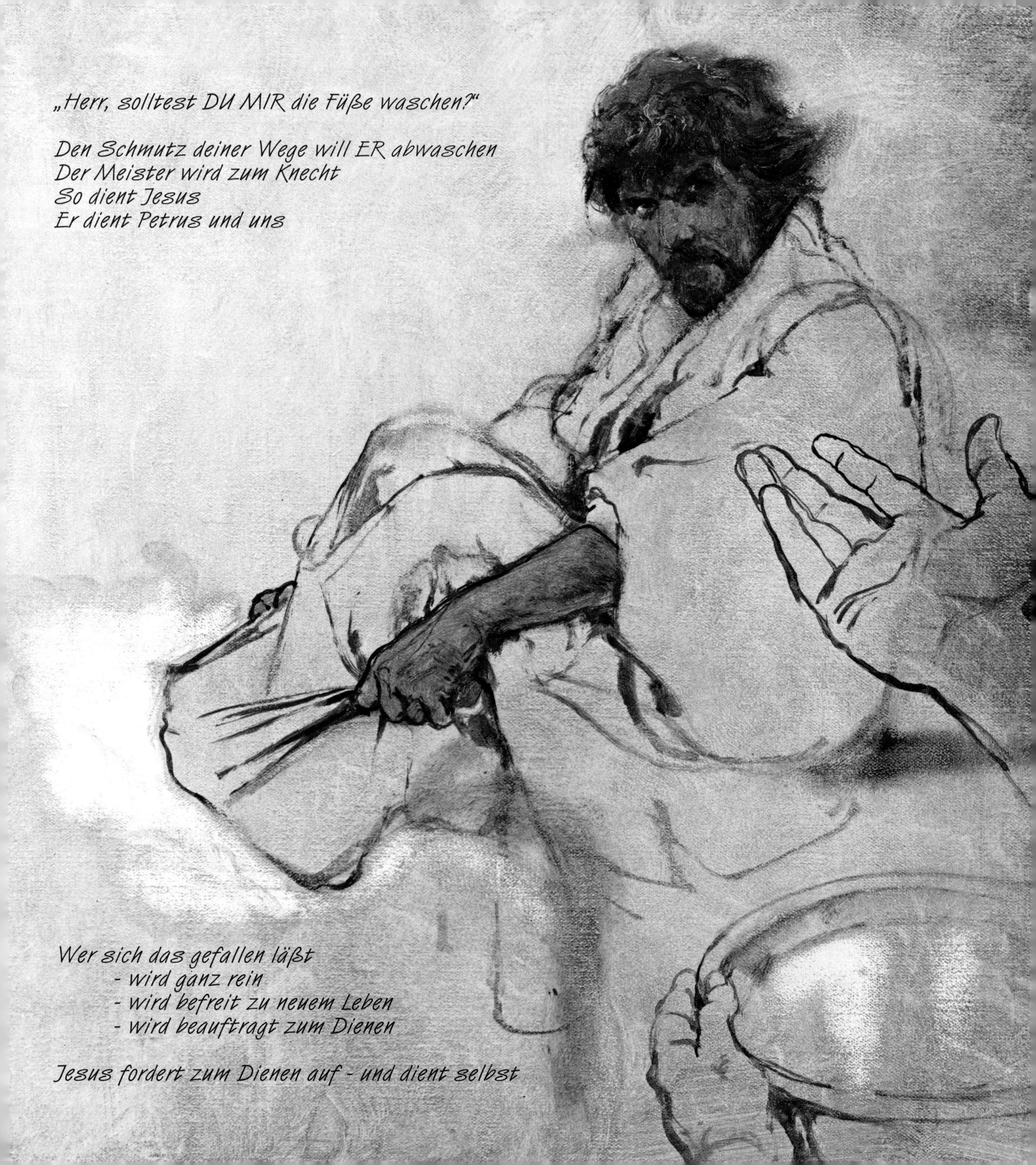

„Herr, solltest DU MIR die Füße waschen?"

Den Schmutz deiner Wege will ER abwaschen
Der Meister wird zum Knecht
So dient Jesus
Er dient Petrus und uns

Wer sich das gefallen läßt
- wird ganz rein
- wird befreit zu neuem Leben
- wird beauftragt zum Dienen

Jesus fordert zum Dienen auf - und dient selbst

EINER WIRD MICH VERRATEN
Der Verräter ist unter uns
Jesus weiß, wer es ist

Entsetzen geht um
„Herr, bin ich es?"

Einer weiß mehr - Judas !
„Mit wem ich esse, der ist es!"

„Herr, ich bin bereit,
mit dir ins Gefängnis zu gehen!
Ich werde dich nicht verlassen!
Herr, ich bin sogar bereit,
mit dir in den Tod zu gehen!“

Jesus spricht Petrus direkt an:
„Dein Mut wird sinken.
Deine Kraft wird dich verlassen.
Noch bevor der Morgen graut,
wirst du mich dreimal verleugnen.“

GETHSEMANE - Garten der Ölbäume

„Wachet mit mir und betet!“
Jünger übermannt der Schlaf

Stunden der Todesangst - er trägt sie einsam
Last der Sünde - er trägt sie allein
Der Kelch des Leides - er trinkt ihn für alle

JESUS SCHREIT ZUM VATER

„Mein Vater, ist's möglich, so gehe
dieser Kelch an mir vorüber; aber,
VATER, DEIN WILLE GESCHEHE“

Judas! - Judas!!!
Warum dieser Kuß?
Ein verlogener Kuß
Der Kuß des Verrats
Der Kuß der Perversion

Gibt es kein anderes Zeichen, Judas?
Bist du ganz von Gott verlassen?

Und doch
Jesus liebt auch Verräter
Er liebt sie echt:
„Mein Freund!“

Das darf nicht geschehen!
Das hält Petrus nicht aus!

Mit Knüppeln und Stangen kommen sie
um Jesus gefangenzunehmen
wie einen Verbrecher
im Dunkel der Nacht -
aus Angst vor dem Volk

Das muß die Jünger herausfordern
Das können sie nicht zulassen

Ohne Jesus sind ihre Hoffnungen dahin
Ohne Jesus sind sie allein

Petrus verteidigt seinen Herrn
Petrus gebraucht sein Schwert
Petrus schlägt zu und verletzt

Und Jesus heilt
Heilt seine Feinde
und Mörder
So ist Gott
So kommt er zum Ziel

FALSCHES ZEUGNIS

Das ist ihr Tag - der Hohe Rat hält Gericht
Pharisäer, Älteste und Priester klagen an

JESUS ABER SCHWEIGT

Scheinheilige Zeugen
Falsche Beschuldigungen
Erkaufte Lügen
- man findet keine Schuld an ihm

Kaiphas bleibt nur die direkte Frage:
„Bist DU der Christus, der Sohn Gottes?"

Jesus bricht sein Schweigen
„Du sagst es!"

Keine Huldigung des lang erwarteten Messias
Keiner fällt auf die Knie und betet an
Keiner sieht die prophetischen Worte der Thora
Denn
- eigene Macht ist in Gefahr
- mühsam erworbene Privilegien sind bedroht

Der Hohe Rat tobt - Tumult wird zum Orkan

Kaiphas springt auf, zerreißt sein Gewand
und schreit in die Menge:
„ER hat Gott gelästert - ER ist des Todes schuldig!"

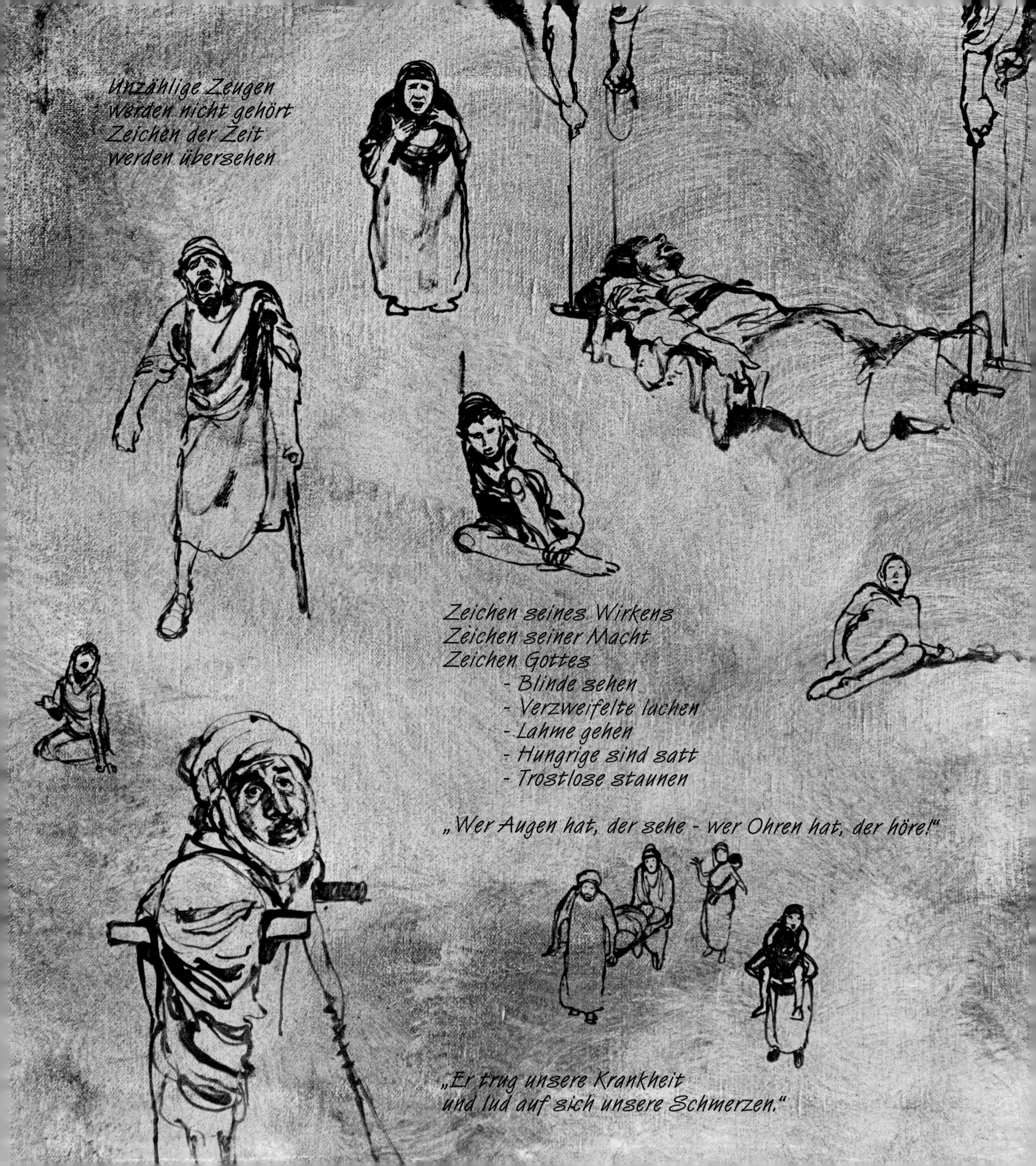
Unzählige Zeugen
werden nicht gehört
Zeichen der Zeit
werden übersehen
Zeichen seines Wirkens
Zeichen seiner Macht
Zeichen Gottes
- Blinde sehen
- Verzweifelte lachen
- Lahme gehen
- Hungrige sind satt
- Trostlose staunen
„Wer Augen hat, der sehe - wer Ohren hat, der höre!"
„Er trug unsere Krankheit
und lud auf sich unsere Schmerzen."

PETRUS - wo ist dein klarer Blick?
- Schultern zucken ängstlich
- beschwichtigende Worte
- Notlügen
- heiliger Schwur

„Ich kenne diesen Menschen nicht!"

Der erste Hahnenschrei
läßt ihn verzweifeln

Es geht ihm wie ein Stich durchs Herz
- Petrus erkennt seine große Schuld
- Petrus sieht die große Liebe seines Herrn
- Petrus erschrickt und weint

Tränen der Erkenntnis sind bitter
Tränen der Reue sind heilsam
JESUS VERGIBT

Furchtbare Erkenntnis
Es gibt ein ZU SPÄT

JUDAS
das Rad der Geschichte
dreht sich niemals zurück
niemand will dein Geld

„Ich habe Unrecht getan!"
Blutgeld rollt in den Tempel
„Ich habe meinen Herrn verkauft!"

Kein Mensch
will die Schuld mit ihm teilen
- er verurteilt sich selbst
- setzt seinem Leben ein Ende

PILATUS - der Heide aus Rom
- ahnt Unrecht
- wittert Verrat
- findet keine Schuld

Er möchte vermitteln -
und wird erpreßt:
„...sonst bist du
des Kaisers
Freund nicht mehr!"

Er kämpft für Jesus -
und verliert
PILATUS - wo ist deine Macht?

Das Volk wählt - BARABBAS -
den Mörder
- welch ein Tausch

JESUS SCHWEIGT

„Ich bin unschuldig an seinem Blut -
seht ihr zu!
Ich wasche meine Hände in Unschuld!"

Wenn das so einfach wäre - Pilatus ...

„Kreuzige ihn!
Kreuzige ihn!"
„Sein Blut komme über uns
und unsere Kinder!"

Kein Mensch
der nicht mitschreit

Kein Mensch
der aufschreit

Pilatus hat es befohlen

Kriegsknechte johlen
Spaß muß sein

JESUS
- gebunden
- wehrlos

Spott dieser Welt
Qualen, die Menschen sich ausdenken können

Sie verstehen ihr Handwerk

Viele schauen Jesus an

Manche - zum Spott -
sie reiben sich die Hände

Manche - zum Hohn -
mit lachendem Blick

Manche - tief betroffen -
nachdenklich und still

JESUS - angespuckt
JESUS - nackt zur Schau gestellt

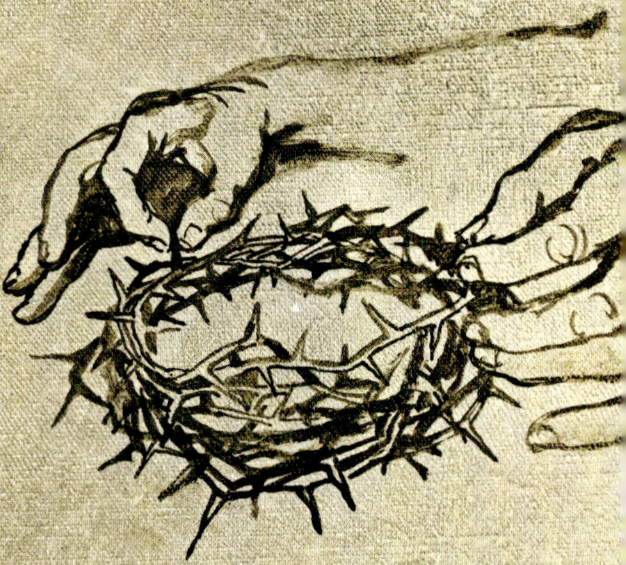

Alles Leid
- das Menschen je gelitten
Jeder Schmerz
- der uns bekannt
Schreckliche Angst
- die uns begegnet
Tiefe Verlassenheit
- die wir verspürt

Es gibt nichts,
was JESUS nicht erträgt
nichts,
was Jesus nicht erleidet

JESUS - in Purpur gekleidet
JESUS - gekrönt mit Dornen

ER beugt sich
- unter all unser Verderben

Deshalb wird er
uns verstehen
wenn wir flehen -
schreien - beten

Schwerer Weg nach Golgatha
Menschen säumen die Straßen
Spott und Geschrei
Jesus zerbricht
Das Kreuz drückt nieder

SIMON VON KYRENE
Wahllos herausgegriffen
zwangsverpflichtet
Die Last wird ihm schwer

SIMON VON KYRENE
welch ein Vorrecht
Du hilfst, das Kreuz Jesu zu tragen

Zwei Balken - drei Nägel
Hände und Füße werden durchbohrt
Fest verankert wird ER -
JESUS AUS NAZARETH
DER KÖNIG DER JUDEN

„Er ist um unserer Missetat willen
verwundet und um unserer Sünde willen
zerschlagen. Die Strafe liegt auf IHM,
auf daß wir Frieden haben.
Durch seine Wunden sind wir geheilt."

IESVSNAZARENVSREX IVDAEORVM
ΙΗΣΟΥΣ Ο ΝΑΖΩΡΑΙΟΣ Ο
ΒΑΣΙΛΕΥΣ ΤΩΝ ΙΟΥΔΑΙΩΝ

Hoch aufgerichtet steht das Kreuz

JESUS
Heil der Welt - ans Kreuz geschlagen
Heil der Welt - verachtet und unwert
Heil der Welt - weit sichtbar und doch ungesehen

„Er war der Allerverachtetste und Unwerteste,
voller Schmerzen und Krankheit.
Er war so verachtet, daß man das Angesicht vor ihm verbarg."

Das Volk und seine Führer
haben ihr Vergnügen
Spott macht vor
dem Kreuz nicht halt
Ist er Christus,
so beweise er es uns!
„Bist du der Juden König,
dann hilf dir selber!“

Jesus bleibt am Kreuz
und hält es aus
Die Würfel sind gefallen

Menschen spotten - bis heute

„Vater, vergib ihnen!“

Drei Kreuze auf Golgatha

Ein Unschuldiger
in der Mitte - Jesus
Zwei Schuldige
- links und rechts

Der eine lästert -
für ihn hat Jesus
kein Wort und keine Hilfe

Der andere vertraut
- Schächergnade -
Jesus verheißt ihm das Paradies

Wir alle sind zurecht verurteilt

Jeder darf seinen Stand wählen
links oder rechts am Kreuz
Neutralität gibt es nicht

„Mein Gott - MEIN GOTT -
warum hast du mich verlassen?“
Einsam am Kreuz
Unsagbare Schmerzen
Quälender Durst
Ob Zweifel ihn plagen?
Und doch:
Gott bleibt
„MEIN“ Gott

Der Augenblick
- zwischen Angst und Hoffnung
- zwischen Himmel und Hölle
- zwischen Tod und Leben

Schau Jesus in die Augen
nicht mit einem kurzen
flüchtigen Blick
Schau in sein Herz

Elemente geraten ins Wanken
Die Sonne verliert ihren Schein
Jesus schreit „Es ist vollbracht!"
WIR SIND ZUM LEBEN BEFREIT

„Wahrlich, dieser ist
Gottes Sohn gewesen!“
Für viele
eine späte Erkenntnis

Passah ist nah
Tote müssen
begraben werden
Eile ist geboten

Ein Soldat
durchbohrt den Leib
Wasser und Blut
- Zeichen des Todes
- unwiderruflich

Sie betten ihn
zur letzten Ruhe
- ohne Hoffnung

Bewacht das Grab -
bewacht es gut!

Es geht das Gerücht um
er werde auferstehen

Seine Jünger könnten ihn stehlen
und wir wären bloßgestellt

In die Grabesstille hinein
- bebt die Erde
- öffnet sich der Himmel

Gottes Macht wird offenbar
- ein Engel erscheint
- menschliche Grenzen fallen
- Siegel werden gesprengt
- der Stein rollt zur Seite

Römische Ohnmacht wird offenkundig
- Pilatus zittert
- Kaiphas tobt
- der Hohe Rat will vertuschen
- Schweigegeld statt Wahrheit

Nur keinen Jesus, der lebt

Maria aus Magdala

Tag nach Passah
Nacht über Jerusalem
Maria kann zum Grab gehen
- ihn noch einmal sehen
- ihn salben
- ihm eine letzte Liebe erweisen

Erschütternder Augenblick
- das Grab ist leer
- sie haben meinen Herrn geraubt

Maria weint

„Maria!"
Ein Wort nur von IHM
aus Weinen wird Jubel

„Rabbuni!"
„Mein Herr
und mein Gott!"

Der Herr
ist auferstanden
Er ist wahrhaftig
auferstanden

Das Fest beginnt -
ein Fest ohne Ende

„Friede sei mit euch!"

Herzen sind zerrissen
zwischen Glaube und Zweifel
Ich will Jesus anfassen
ich will fühlen, ob er ist

Aufatmen - Strahlen - Lachen

„Da wurden die Jünger froh,
daß sie den Herrn sahen."

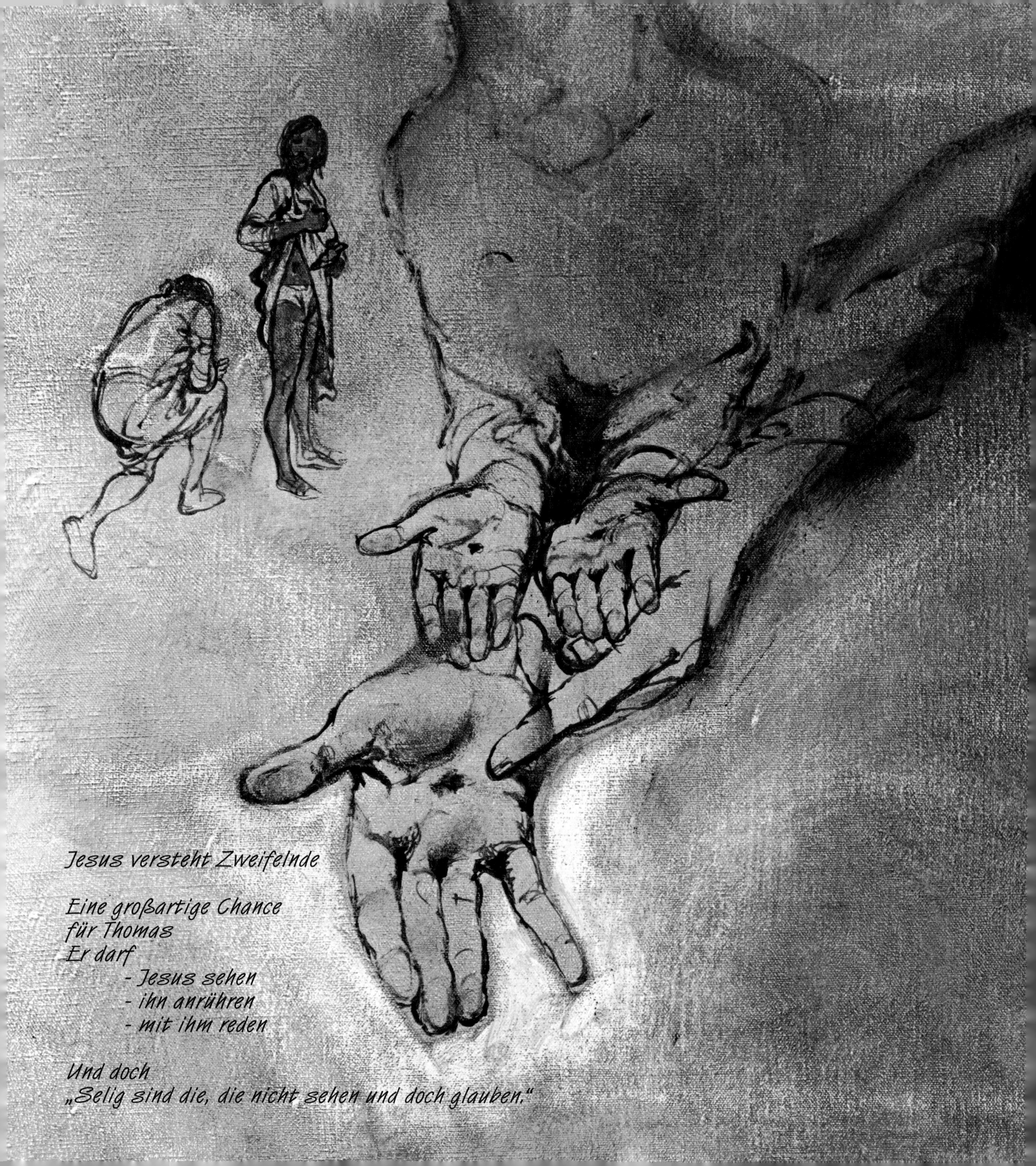

Jesus versteht Zweifelnde

Eine großartige Chance
für Thomas
Er darf
- Jesus sehen
- ihn anrühren
- mit ihm reden

Und doch
„Selig sind die, die nicht sehen und doch glauben."

Zurück zum See
zu Booten und Netzen
Es wird wieder Alltag
die Hoffnung ist hin

Da kommt ER zu ihnen
gibt sich zu erkennen
und läßt sie neu hoffen
und abermals staunen
und feiert mit ihnen
und stillt ihren Hunger

ES IST DER HERR

„Petrus zog das Netz
an Land
voll großer Fische -
153 -"

DER HIMMEL IST OFFEN
FÜR JEDEN DER GLAUBT

ER geht nun zum Vater
läßt uns auf Erden
nicht einsam zurück
verspricht uns den Tröster

ER hebt seine Hände
ein letzter Segen
in Vollmacht gesprochen
erfüllt sie mit Freude

ER gibt uns den Auftrag
„Machet zu Jüngern…“
und gibt das Versprechen
„…dann bin ich bei euch.“

DER HIMMEL IST OFFEN
FÜR JEDEN DER GLAUBT

Inhalt